GÉNÉALOGIE

DES

COMTES DE TOULOUSE

DUCS DE NARBONNE, MARQUIS DE PROVENCE

AVEC

LEURS PORTRAITS

TIRÉS D'UN MANUSCRIT ROMAN

NOUVELLE ÉDITION

Conforme à celle de M. G. Catel, Conseiller du Roi en sa Cour de Parlement.

AVEC UN PROLOGUE

PAR JEAN GEORGES LAURAC.

Prix : 3 fr. 50.

TOULOUSE

BOMPARD, LIBRAIRE-ÉDITEUR

Rue du Taur, 2.

MDCCCLXIV

BIBLIOTHÈQUE ROMANE

GÉNÉALOGIE

DES

COMTES DE TOULOUSE

DUCS DE NARBONNE, MARQUIS DE PROVENCE

AVEC

LEURS PORTRAITS

TIRÉS D'UN MANUSCRIT ROMAN

NOUVELLE ÉDITION

Conforme à celle de M. G. Catel, Conseiller du Roi en sa Cour de Parlement.

AVEC UN PROLOGUE

PAR JEAN GEORGES LAURAC.

—

Prix : 3 fr. 50.

—

TOULOUSE

BOMPARD, LIBRAIRE-EDITEUR

Rue du Taur, 2.

—

MDCCCLXIV.

Toulouse, imprimerie Troyes Ouvriers-Réunis, rue Saint-Pantaléon , 3.

Autographie DELOR , rue des Balances, 25.

PROLOGUE.

La Généalogie de la Maison de Toulouse, que nous remettons sous les yeux du public, ne brille pas à la vérité par l'exactitude; la chronologie y est presque toujours en défaut, et la succession des princes qui ont régné autrefois sur notre pays, n'y est pas non plus fidèlement rapportée; on pourrait même indiquer dans cette succession plus d'un personnage imaginaire; mais lorsque les critiques ont voulu faire de l'histoire à leur tour, ils ont bien fait voir qu'il était plus facile de découvrir les erreurs des autres, que d'éviter soi-même d'en commettre. C'est ainsi, que le judicieux Catel, malgré ses recherches infatigables, et la sagacité qu'il apporte d'ordinaire dans le choix et la mise en œuvre de ses matériaux, n'a pu refaire cette généalogie, qu'il avait jugée assez sévèrement, sans s'exposer lui aussi aux critiques des savants auteurs de l'histoire de Languedoc.

Ceux-ci conviennent, au reste, « de la disette de monuments qui s'expliquent clairement là-dessus »; et comme ils ont eu à leur disposition bien plus de documents qu'ils ne nous en ont transmis, et qu'il ne nous en reste, ce que nous avons de mieux à faire assurément, c'est de nous en tenir à l'ordre de succession adopté par ces grands et consciencieux historiens. On trouvera au dernier feuillet de la présente publication la série chronologique des princes de Toulouse, d'après l'*Art de vérifier les dates.*

Les auteurs de cet ouvrage ont suivi, à peu de chose près, les savants de Vic et Vaissette, qui avaient eux-mêmes beaucoup emprunté à Catel, comme ils l'ont reconnu avec cette candeur qui caractérise les esprits élevés; car, il ne faut pas l'oublier, Catel est le premier qui ait osé secouer le joug de la routine, et qui ait essayé de refaire entièrement l'histoire des Comtes de Toulouse, en s'appuyant principalement sur les documents originaux.

Si la Généalogie que nous publions n'a pas le mérite de l'exactitude, on ne saurait lui disputer celui de l'ancienneté; et c'est par là qu'elle pourrait plaire à quelques esprits arriérés qui estiment et recherchent tout ce qui a été consacré par le temps. Ce petit ouvrage intéresse aussi un peu, à la manière de ces vieilles cartes qui représentent le monde tel que l'imaginaient les anciens ; en effet, avec les portraits qui l'accompagnent, il offre un résumé des connaissances historiques du vulgaire au XIII° siècle. On se contentait de cela, et il n'est pas certain que le vulgaire d'aujourd'hui en sache beaucoup plus que celui d'alors, ni qu'il se soucie d'en savoir davantage. D'ailleurs, en remettant au jour ces vieilleries, l'objet principal que nous nous proposons, comme nous l'avons déjà dit, c'est de rappeler l'attention du monde roman sur ses origines, persuadé qu'une nation intelligente ne saurait trop avoir les yeux fixés sur son passé, si elle veut être maîtresse de son avenir, au lieu de le livrer honteusement aux caprices de la fortune. Qu'importe, à ce point de vue, le plus ou moins d'exactitude de cette généalogie ! Ce qui devrait nous intéresser, ce que nous devrions chercher à découvrir, ce sont les causes qui ont amené la ruine de la maison de Toulouse et l'asservissement de la nation que cette illustre famille représentait. Voilà ce qu'il faudrait examiner, ce qu'il importerait d'éclaircir, bien plus que la présence de quelques princes de plus ou de moins sur la liste de nos anciens souverains. Notre Généalogie, étant écrite en roman, devait nécessairement trouver place dans cette collection ; et, pourquoi ne pas le dire, nous avons espéré aussi que les portraits, dont cette petite composition est ornée, recommanderaient la bibliothèque romane auprès du public. Jamais, en effet, on ne poussa aussi loin que de nos jours le culte des images : elles se glissent partout ; notre esprit, distrait et rétréci par ce flot de publications figurées, ne se laisse plus captiver que devant des objets sensibles ; la lettre, qui a été si féconde, semble perdre de ses forces, et on dirait que nous allons revenir à l'écriture symbolique des temps primitifs. L'histoire en images aura toujours un certain succès, car, pour une personne qui cherche à s'instruire, il y en a cent qui ne demandent qu'à se divertir.

Cependant, les images que nous offrons au public pourraient bien ne pas lui plaire, quoique nous n'ayons rien négligé pour qu'elles fussent dignes de lui être présentées ; mais enfin, elles n'arrivent pas de Paris, et c'est un grand défaut dans ce temps-ci ; on n'approuvera peut-être pas non plus le mode de reproduction que nous avons adopté, quoique nous ne nous y soyons arrêtés qu'après beaucoup de tâtonnements et d'épreuves. Dans le manuscrit, les figures étaient coloriées, et, malgré toute son habileté, le graveur dont Catel s'est servi, n'a pu éviter d'être lourd et confus, en remplaçant le coloris par des hachures noires. Si nous avions voulu ombrer aussi, nos dessins auraient été encore plus lourds et moins ressemblants que les gravures de Catel, tandis qu'en adoptant le trait simple, on pouvait, avec du talent, se rapprocher un peu de la grâce du manuscrit. C'est aux connaisseurs de juger jusqu'à quel point l'artiste (1) a su profiter de cet avantage.

Quant aux portraits originaux, on peut se demander s'ils ont tous été peints en même temps que le dernier, celui de Philippe III, qui est bien certainement de la fin du XIIIe siècle; ou bien si les uns sont plus anciens que les autres, comme pourrait le faire supposer la manière dont ils sont dessinés. C'est là une question qui n'est certes pas indifférente ; mais nous nous contenterons de la signaler ici à l'attention des lecteurs. On pourrait examiner encore si ce sont des portraits réels ou de fantaisie ; et bien qu'on ne puisse faire, à ce sujet, tout au plus que des conjectures, nous croirions volontiers que plusieurs de ces images ont été peintes d'après nature, mais que les artistes du moyen âge auront suppléé d'imagination à ce qui devait manquer nécessairement dans une collection remontant à une époque aussi éloignée. Il est bien douteux, par exemple, que la première image nous représente la véritable figure de Torsinus et de Charlemagne ; mais en voyant le premier comte de Toulouse agenouillé aux pieds du barbare couvert de fleurs de lis, nous retrouvons les deux erreurs les plus funestes que nous offre la théorie historique du moyen-âge. En effet, c'est en vertu de ces deux principes imaginaires : d'abord, que toute autorité légitime procédait de Charlemagne ; en second lieu, que les rois de Paris ou de l'Ile-de-France étaient les seuls héritiers légitimes des droits de ce conquérant, que ces rois rendirent plus faciles et légitimèrent, à leur tour, toutes leurs usur-

_____

(1) M. Gautier, lauréat de notre école des Arts.

Nous devons aussi beaucoup à M. Delor, dont les conseils éclairés et la complaisance vraiment inépuisable, nous ont permis de reproduire ces portraits assez fidèlement, sans recourir à des moyens trop dispendieux.

pations. La fleur de lis se substituant à la croix de Toulouse (1), sur la dernière page de notre généalogie, il fallait aussi qu'elle figurât sur la première. A cette époque, du reste, on en mettait partout; lorsqu'un pouvoir nouveau cherche à s'établir, il ne manque pas, comme tout bon industriel, de répandre tant qu'il peut sa marque de fabrique; nous avons vu cela dans tous les temps. La flatterie et la superstition, venant à l'aide de ce pouvoir naissant, découvraient la fleur de lis jusque sur le crâne du comte Raymond VI, que la rage de ses ennemis s'obstinait à priver de sépulture; c'est un penchant naturel aux hommes, que de faire dépendre tous les évènements de certaines puissances supérieures, afin de se justifier de leurs trahisons ou de leurs lâchetés (2).

Tout concis qu'il est, ce petit ouvrage, à le lire attentivement, ne laisse pas que de révéler bien des choses. Il ne faut pas oublier que sous Philippe III, époque à laquelle il circulait tel que nous le voyons, ce n'était pas précisément la liberté qui régnait dans ce pays-ci. Les Français, nos nouveaux compatriotes, y déployaient l'intolérance qui les caractérise, en même temps que leur alliée, l'Inquisition (3), entourée de ses délateurs, procédait au nom de la religion et d'après les instructions de la cour de Rome; de sorte qu'un silence de mort avait succédé, tout-à-coup, au régime le plus libéral et le plus gai qui ait jamais existé dans le monde. Je me trompe; on pouvait encore parler, on ne parlait même que trop, mais uniquement pour flatter la tyrannie; c'est la plus triste conséquence de l'esclavage; le silence laisserait à chacun la liberté de son jugement, et c'est précisément ce qu'il faut ravir aux opprimés. Cependant, les auteurs de la Généalogie, peintres ou écrivains, sont parvenus à indiquer la

(1) V. au sujet des armes de Toulouse, la savante dissertation critique de M. le v^{te} de Juillac.

(2) Catel, en rapportant cette niaiserie populaire, se garde bien de s'en moquer; il feint même d'y croire. « Les frères de l'Hospital, dit-il, gardèrent curieusement la teste, à cause qu'elle est marquée naturellement d'une fleur de lis, qui était une marque certaine que la comté devait être unie à la couronne. » *Comtes*, page 318.

(3) Sur un revenu total de 45000 livres tournois, le c^{te} Alfonse, mari de Jeanne de Toulouse, en dépensait 20000 pour les frais de l'inquisition.

(*Hist. de Lang.*, t. III, pag. 523.)

répugnance que ce nouveau régime leur inspirait, non-seulement dans le texte, en s'abstenant de tout éloge aux chapitres du roi Philippe et de ce comte Alfonse, dont l'Administration avait laissé de si fâcheux souvenirs dans le pays, mais en donnant à leurs nouveaux maîtres une physionomie qui contraste avec l'air de franchise et de bonhomie des princes de la maison de Toulouse, qui ont réellement ou qui semblent avoir le cœur sur la main.

Comment, en effet, nos ancêtres auraient-ils pu confondre les souverains étrangers, que la coalition de toute l'Europe venait de leur imposer, avec leurs seigneurs *naturels*, comme on disait alors? Le prince qui était né sur la terre où il régnait, qui l'aimait par conséquent et voulait y vivre, qui parlait la même langue que le peuple et savait respecter ses coutumes, qui ne songeait enfin qu'à conserver la liberté publique, et à étendre les franchises locales, au lieu de les restreindre ou de les supprimer, celui-là était le seigneur naturel. Celui qui demeurait dans une contrée lointaine, ou ne faisait ici que de courtes apparitions, escorté d'un grand appareil militaire et suivi d'une cohorte avide de s'enrichir; celui qui méprisait les mœurs, les coutumes et la langue du pays, annonçant l'intention d'y substituer d'autres mœurs, de nouvelles coutumes, une langue inconnue et mal sonnante; celui qui, après avoir juré de maintenir les franchises communales, se plaisait à les fouler aux pieds, ne cessant d'attenter aux libertés publiques, et accablant les peuples de tributs pour enrichir sa résidence, au nom d'un prétendu droit dont on n'avait plus entendu parler depuis des siècles; celui-là était l'intrus, le tyran, aux yeux de ce peuple qui possédait depuis si longtemps un gouvernement patriarcal et indépendant.

Les partisans les plus entêtés de l'autorité des rois de Paris sur les provinces méridionales, ont été forcés de reconnaitre effectivement que, du X⁰ siècle au XII⁰, la séparation fut complète, et les rapports presque entièrement interrompus entre les pays d'en deçà et d'au delà de la Loire (1). Or, nous le demandons, quelle

(1) Le pouvoir des rois de France de la 2⁰ race et des premiers rois de la 3⁰, fut si peu considérable dans le pays, que nous ne saurions prouver, par aucun monument, qu'ils y aient exercé quelque autorité jusqu'au règne de Louis le Jeune.

(*Hist. de Lang.*, tom. II, pag. 88.)

Aug. Thierry reconnaît « qu'avant le XII⁰ siècle; les rois du nord de la Loire ne

valeur donner aux prétentions d'un pouvoir, d'une autorité qui aurait cessé de s'exercer depuis deux cents ans ? Faut-il donc tant d'années pour anéantir de prétendus droits de conquête, qui ont à peine laissé des traces dans l'histoire ? pour que des pouvoirs abattus depuis si longtemps soient oubliés, et remplacés par de nouveaux pouvoirs tout aussi légitimes que les premiers ?

Durant ces deux siècles, la nation romane éclairée, libérale, homogène, cherchait à se constituer, en se ralliant autour de quelques-unes des maisons princières, qui s'étaient élevées sur les ruines de l'empire de Charlemagne. La maison de Toulouse, qui occupait une excellente position dans le midi de la Gaule, au débouché des grandes vallées pyrénéennes, presque à égale distance des deux mers, fut forcée, pour ainsi dire, de mettre à profit ces cir-

---

parvinrent jamais à dominer seulement pour cinquante années au sud ce fleuve. » (*Sur la véritable époque de l'établissement de la monarchie.*)

Il dit ailleurs : « De 988 à 1152, les peuples de langue d'oc ne reconnurent ni en fait ni en apparence l'autorité des rois de la contrée où l'on disait *oui*. Le Midi de la Gaule parut ainsi, vers le XIᵉ siècle, affranchi de tout reste de la sujétion que les Francs lui avaient imposée. » (*Conq. de l'Angl.*, tom. III, p. 69.)

Et il ajoute un peu plus loin : « C'est la plus désastreuse époque dans l'histoire des habitants de la France méridionale, que celle où ils devinrent Français, où le roi, que leurs aïeux appelaient *le roi de Paris*, commença à les nommer eux-mêmes ses sujets de la *langue d'oc*. » (*Ibid.*, tom. IV, p. 162.)

Sismondi fait un tableau de la France féodale, qu'il est bon de présenter ici : « Pendant la période féodale, la France, au lieu de former une seule monarchie, se trouvait soumise à l'influence de quatre rois..... Au nord une France Wallonne ; ce nom réservé depuis aux Flamands français, se donnait encore à la langue que parlait Philippe Auguste ; au couchant une France Anglaise ; au levant une France Germanique ; et au midi une France Espagnole ou Aragonaise. Jusqu'au règne de Philippe Auguste, la première était la moins étendue, la moins riche et la moins puissante.» (*Hist. de France*, tom. VI, pag. 248.)

La seule chose qu'il y ait à relever dans ce dernier passage, c'est que de ces quatre parties de la Gaule, la partie Wallonne était la seule qui portât le nom de France. On ne trouvera pas un seul document du moyen âge qui contredise cette assertion.

Le grand argument qu'on a fait valoir pour établir la suzeraineté des rois de France sur les provinces méridionales, c'est qu'on y datait les actes des années de leur règne. Mais, cette manière de dater n'est guère qu'une exception, que l'intérêt seul du clergé avait empêché de tomber en désuétude. On peut d'ailleurs opposer aux actes particuliers qui sont datés de la sorte, d'autres actes bien plus authentiques et plus importants qui sont datés du règne des empereurs. La place me manque ici, et je ne citerai que le concile de Toulouse de l'an 1056 « Jubente papa Victore, regnante Henrico pio imperatore, sub Venerabili Pontio Tolosano comite.» (CATEL, *Comtes*, ch. XVIII.)

constances avantageuses, depuis les temps les plus reculés du moyen-âge. Héréditaires au milieu du IXe siècle, les seigneurs de Toulouse prenaient dès-lors le titre de comte, duc, et marquis ; indépendants effectivement de toute autre puissance au Xe siècle, ils n'auraient eu qu'à se parer du titre de roi, pour se placer au premier rang des maisons souveraines.

Comme tous les grands seigneurs féodaux, ceux de Toulouse augmentèrent l'étendue de leurs domaines par des mariages avantageux ; c'était dans ce temps-là presque la seule manière de s'agrandir, et c'était aussi la plus légitime, parce que les deux parties contractantes s'engageaient ordinairement d'un commun accord, et que, d'ailleurs, les provinces réunies sous l'autorité d'un même prince, n'en conservaient pas moins leur autonomie et tous les avantages qui en découlent. Ce fut à ces conditions que, vers la fin du Xe siècle, les comtes de Toulouse acquirent des droits sur une grande partie de la Provence, et c'est depuis ce temps-là qu'on vit cette maison grandir et s'élever au dessus de la plupart des seigneurs du midi de la Gaule.

Mais ce qu'un mariage avait fait, un autre mariage venait quelquefois le défaire. Le comté de Toulouse allait tomber en quenouille après Guillaume IV, et sa fille Philippia devait, en se mariant, le porter dans une maison étrangère, lorsque Raymond de Saint-Gilles, frère de Guillaume, se saisit du comté par des moyens, dont les historiens toujours favorables à ceux qui réussissent, ont essayé, mais en vain, d'établir la légitimité.

Autant qu'on peut en juger par les récits tronqués ou défigurés des chroniqueurs, il se passa, vers l'année 1088, quelque chose d'analogue aux événements de 1830 ; mais pour s'en faire une idée juste, il faut donner aux acteurs le costume du temps, et se rappeler qu'alors tout se réglait entre les seigneurs féodaux et la puissance sacerdotale. Raymond de Saint-Gilles, qui connaissait ses contemporains, organisa son affaire en conséquence ; il gagna d'abord tous ceux qui pouvaient concourir au succès de ses desseins, et puis, étant allé se prosterner devant le tombeau de Saint Robert, il lui fit hommage du comté de Toulouse et déclara qu'il le tiendrait de lui s'il parvenait à le posséder par la grâce de Dieu. Après avoir fait ce vœu avec beaucoup de solennité, le comte de Saint-Gilles revint à Toulouse, où les habitants de cette cité, ainsi que les grands et les villes des provinces voisines, sachant qu'il était sous la protection spéciale de Saint-Robert, n'hésitèrent plus à le reconnaître pour leur seigneur et s'empressèrent de lui faire hommage.

A cet habile coup de main, on reconnaît un fondateur de dynastie; il continua son œuvre, et se vit bientôt le maître, non seulement d'une grande partie de la Provence, du comté de Rouergue, et de tout ce qu'on appela depuis le Languedoc, mais encore du Querci et du Limousin. C'est le premier des comtes de Toulouse qui, suivant Vaissette, se qualifia duc de Narbonne et marquis de Provence. Parvenu à un âge avancé, vers la fin du siècle, il céda néanmoins à l'entraînement des croisades, et partit pour la terre-sainte avec la comtesse sa femme, laissant le gouvernement de ses états à Bertrand, son fils naturel. Le comte Guillaume IV mourut à peu près dans le même temps, et le comte de Poitiers, duc d'Aquitaine, qui s'appelait aussi Guillaume, ayant épousé Philippia, saisit une occasion si favorable de revendiquer ses droits; il envahit le comté de Toulouse, en chassa Bertrand, et prit possession de l'héritage de sa femme. Chose rare dans les affaires humaines, le fait accompli était, cette fois, d'accord avec le droit et avec les intérêts de la nation romane, qui allait enfin se trouver réunie, de Marseille à Bordeaux et de la Loire aux Pyrénées, sous l'autorité d'un même souverain; car les comtes de Barcelone n'étant encore, à cette époque, ni comtes de Provence, ni rois d'Aragon, auraient dû renoncer à toute rivalité avec la maison puissante qui entrait en possession de tout le midi de la Gaule. Cette occasion, qui ne se rencontra qu'une fois durant le moyen âge, la nation romane ne sut pas en profiter, et l'union ne parvint pas à s'accomplir, soit par la faute du comte de Poitiers, ou par l'impatience des Toulousains, ou à cause de cette manie des croisades qui détournaient les forces et l'attention des peuples, ou peut-être par les intrigues des petits princes, qui se voyaient perdus aussitôt qu'une grande puissance serait parvenue à se constituer au milieu d'eux.

La lutte fut longue néanmoins entre le parti légitime et celui de l'usurpation; elle dura plus de vingt-cinq ans, avec des alternatives de succès et de revers pour chacun des prétendants ; mais la branche cadette de Toulouse finit par l'emporter sur la maison de Poitiers, et Alphonse-Jourdain, fils de Raymond de Saint-Gilles, étant revenu de la terre-sainte où il était né, fut ramené en triomphe par les Toulousains dans leur cité.

Après ces événements, la nouvelle branche de la maison de Toulouse reprit ses projets d'agrandissement territorial, mais elle rencontra de tous côtés des obstacles et des rivalités ; il fallut disputer la Provence au comte de Barcelone, et le comté de Toulouse même au roi de France d'abord, puis au roi d'Angleterre, qui épousèrent, l'un après l'autre, Eléonor d'Aquitaine, héritière des droits de sa mère Philippia. Et ce qui montre à quel point le comté de Toulouse était propre à former le noyau d'un état puissant, c'est le succès avec lequel la dynastie des Raymonds se défendit jusqu'au XIIIe siècle, contre les attaques réitérées des trois monarchies d'Aragon, de France et d'Angleterre, qui se disputaient alors le territoire de la Gaule.

Il y avait longtemps que la maison de Barcelone aspirait à s'agrandir de ce côté des Pyrénées, où elle possédait, depuis le milieu du XIe siècle, des domaines et des droits de suzeraineté d'une certaine importance. Ses vues ambitieuses étaient d'ailleurs fort naturelles, parce qu'elle aussi régnait, en Espagne, sur des peuples qui avaient la même origine, la même langue, le même génie que les Provençaux ou les Gascons. Ce fut aussi par un mariage, que l'un des princes de cette dynastie, Raymond Bérenger III, acquit, vers l'an 1112, le comté d'Arles, ou la basse-Provence, avec les vicomtés de Milhaud et de Gévaudan, et celle de Carlad en Auvergne. Ses successeurs, devenus rois d'Aragon, en vertu du mariage de Raymond-Bérenger IV avec l'héritière de ce royaume, étendirent encore leur influence dans nos provinces ; ils comptèrent dès-lors, ou bientôt après, au nombre de leurs vassaux, le puissant vicomte de Béziers, les comtes de Foix et de Comenge, les seigneurs de Béarn, de Montpellier, et d'autres moins considérables ; le comte Gérard de Roussillon étant mort sans postérité en 1178 (1), ils héritèrent encore de ses domaines qui étaient si bien à leur convenance.

(1) Zurita, *An. de Aragon*, lib. 2, c. 36. Vaissette place cet événement à l'année 1172, mais il me semble que Zurita est ici un guide plus sûr.

Il est vrai que la plupart de ces princes relevaient aussi des comtes de Toulouse, et ne manquaient jamais de prétextes, par conséquent, pour passer, en temps de guerre, du parti d'un de leurs suzerains dans celui de l'autre, chaque fois qu'ils le jugeaient utile à leurs intérêts. Telle était, au reste, l'organisation de toutes les monarchies du moyen âge, et, à cela près, on voit que les rois d'Aragon enveloppaient en quelque sorte les Etats des comtes de Toulouse, et que s'ils avaient pu forcer cette maison à reconnaître leur suzeraineté, comme ils en manifestèrent plus d'une fois la prétention, ils auraient, par cela seul, constitué cette monarchie romane que les comtes de Poitiers avaient laissé échapper de leurs mains. Ce n'était ni l'habileté, ni l'esprit d'entreprise qui manquait à cette dynastie des Bérengers, non moins libérale d'ailleurs que celle des Raymonds. Un auteur catalan (1) a remarqué que depuis ce Raymond-Bérenger IV, qui épousa Pétronille d'Aragon, il n'y a pas un seul de ses descendants qui n'ait conduit quelque expédition outremer, et la plupart de ces expéditions furent heureuses; mais toutes n'étaient pas également nécessaires, et plus d'une détourna sans profit la maison de Barcelone du but principal qu'elle aurait dû se proposer et ne jamais perdre de vue : je veux dire la réunion de toutes les provinces romanes sous leur empire, ou, ce qui aurait été plus facile et bien plus avantageux aux peuples, leur alliance en une seule confédération fortement organisée.

Les rois d'Aragon n'étendirent pas leurs vues aussi loin ; ils aimaient ce pays-ci et croyaient bien y être chez eux, mais résidant d'habitude de l'autre côté des Pyrénées, ils ne pénétraient pas sans difficulté dans la région occitanienne; et c'était là pourtant qu'il aurait fallu s'établir pour fonder la monarchie romane. Au milieu de l'instabilité des choses humaines, des circonstances très secondaires mais qui se perpétuent, finissent par diriger le cours des événements. La maison de Barcelone voulut d'abord poursuivre ses plans d'agrandissement dans toutes les directions en même temps; mais, vers la fin du XIIᵉ siècle, elle s'aperçut que pour obtenir de grands résultats, il fallait peser plus d'un côté que de l'autre; elle se décida pour l'Espagne, et peut-être avec

(1) Capmany, *Mém. hist.*

raison, mais les conséquences de ce choix lui furent aussi fatales qu'à la nation romane elle-même. Quoi qu'il en soit, ce fut vers la fin du XIIe siècle qu'elle parut changer de politique à l'égard des comtes de Toulouse, avec qui elle ne cessait d'être en guerre auparavant.

La fortune souriait alors à Raymond VI et les princes ses voisins recherchaient à l'envi son alliance; l'Aragon ne faisait que suivre l'exemple du roi Richard d'Angleterre, qui, après avoir longtemps soutenu par les armes les droits d'Eléonor d'Aquitaine, y renonça tout-à-coup en 1196, pour s'allier étroitement avec le comte de Toulouse; Richard mettait tant de prix à son amitié, qu'il lui accorda la main de Jeanne, sa sœur, avec l'Agénais en dot. Les mariages de Raymond ne duraient pas longtemps; Jeanne, qui était sa quatrième femme, mourut bientôt après, et, en 1199, le roi d'Aragon voulut devenir, à son tour, le beau-frère du comte de Toulouse; quelques années plus tard, en 1204, il ne craignit pas de lui engager les vicomtés de Milhaud et de Gévaudan, sur lesquels les comtes de Toulouse prétendaient avoir des droits héréditaires. Engager ces provinces de la sorte, c'était bien assurément déclarer qu'on renonçait à toute rivalité comme à toute espérance de s'agrandir dans les Gaules; et cependant, par un effet de cette inconséquence qu'on remarque assez souvent dans la politique des princes du moyen âge, Pierre II voulut, presque en même temps, s'assurer la possession d'une ville considérable dans le Midi, en épousant Marie de Montpellier.

Au commencement du XIIIe siècle, la maison de Toulouse, étroitement alliée avec les deux seules puissances voisines qui auraient pu l'inquiéter, semblait au-dessus des atteintes de la fortune; sa puissance territoriale ne le cédait qu'à celle de la maison d'Angleterre, aucun autre prince, pas même le roi de France, ne possédant un domaine aussi étendu dans les Gaules. Le comte de Toulouse n'avait plus qu'à plier ses vassaux à une subordination un peu plus étroite, pour régner sur l'Etat le plus homogène et le plus puissant de cette partie de l'Europe. C'était pourtant au milieu de tant de prospérités que se développait sourdement le germe qui devait amener la ruine et l'anéantissement de cette dynastie, jusque-là si heureuse. La liberté, acclimatée depuis si longtemps dans ce pays, sous l'empire des Raymonds, et la tolérance qui en était la suite, et qui régnait dans les mœurs comme dans les lois, avait singulièrement attiédi le zèle religieux. Le clergé ne jouissant par lui-même d'aucune considération (1), s'était abandonné à un grand relâchement qui produisit son effet ordinaire. Des hommes nouveaux, ou même sortis de son sein, lui reprochèrent ses vices, et s'en prenant aux dogmes religieux en même temps, offrirent aux âmes pieuses un système de croyances plus conformes, disaient-ils, aux principes évangéliques; ils n'oublièrent pas d'exciter la curiosité et l'intérêt par un ensemble de pratiques, où se trouvaient adroitement mêlées la simplicité des mœurs antiques, et la licence d'une civilisation qui remontait sans interruption jusqu'à l'époque romaine.

Ces malencontreux réformateurs eurent autant de succès dans les villes que dans les campagnes; les seigneurs et les chevaliers accueillirent leurs doctrines avec une grande faveur; et par l'effet de cette protection et de ces exemples, il y eut bientôt presque autant de sectaires que de catholiques. La cour de Rome, alarmée des progrès de l'hérésie, convaincue par les rapports de ses légats et de plusieurs évêques, qu'il ne fallait pas s'attendre à la coopération sincère de la maison de Toulouse, et n'osant pas compter davantage sur l'obéissance aveugle du roi d'Aragon, qui aimait trop ce pays pour s'en faire le persécuteur, finit par s'adresser au roi de France, qu'elle feignit de considérer comme le seigneur suzerain du comte de Toulouse (2). Aucun fait cependant, aucun acte, n'avait encore établi de pareilles relations entre ces deux princes; mais l'Eglise était alors en possession du droit

(1) V. la réponse du roi Richard au prédicateur Foulques de Neuilli, qui lui conseillait de marier au plus vite ses trois filles : la superbe, l'avarice et l'impudicité : « Je donne ma superbe aux Templiers, mon avarice aux moines de Cîteaux, et mon impudicité aux prélats de l'église. »

(Ap. Rigord cité par Fleury, *Hist. ecclésiastique*, liv. 75ᵉ; p ag. 21.)

V. Aussi Guill. de Puylaurens : Capellani autem tanto contemptui habebantur a laïcis, quod eorum nomen, ac si Judæi essent in juramentum à pluribus sumebatur. Unde sicut dicitur, *mallem esse Judæus*, sic dicebatur, *mallem esse Capellanus*, quàm hoc vel illud facere. (*Prolog.*)

(2) V. deux lettres d'Innocent III à Philippe-Auguste, du 17 nov. 1207, et du mois de mars 1208. Tom. XIX, des *Hist. de France*.

d'élever ou d'abaisser les puissances ; sa coutume invariable étant d'octroyer au prince qu'elle adoptait pour champion, les domaines de celui qui se montrait rebelle à ses ordres, elle pouvait, à plus forte raison, subordonner un prince à un autre, et créer à son gré une hiérarchie parmi les souverains de la chrétienté.

Le choix du roi de France était motivé d'ailleurs par les intelligences que lui ou ses prédécesseurs, Louis-le-Gros, et Louis-le-Jeune, n'avaient cessé d'entretenir avec le clergé des provinces méridionales. Ce clergé, dans sa lutte perpétuelle avec les seigneurs temporels, avait pris depuis longtemps l'habitude de recourir à la protection des rois de France, qu'il affectait de traiter comme seigneurs suzerains, en leur qualité de successeurs de Charlemagne. Les rois de France ne laissèrent pas échapper une occasion si favorable de s'immiscer dans les affaires intérieures des États voisins ; ils acceptèrent le patronage qu'on leur déférait, et tout en se querellant avec le clergé de leurs propres domaines, ils accordaient aveuglément leur protection aux prélats étrangers, n'ayant pas d'autres prétextes pour exercer leurs prétendus droits de suzeraineté, sur lesquels ils fondaient leurs espérances d'agrandissement (1).

Comme tous les princes de ce temps-là, les comtes de Toulouse étaient en rivalité avec le clergé de leurs États, et leur querelle n'avait pas cessé de s'envenimer depuis le IXe siècle. Ce n'est pas qu'aucun de nos comtes ait entrepris, avec la puissance ecclésiastique, une de ces luttes acharnées qui ont rendu fameux quelques-uns des souverains du moyen âge. Il y avait en eux de

---

(1) Louis le Gros donne des chartes de protection aux églises de Maguelone et du Puy ; Louis VII prend parti pour le clergé d'Angoulême contre le Seigneur de cette ville ; il impose une grosse amende au v^{te} de Limoges, sur la plainte de l'évêque en 1141, pendant l'expédition infructueuse qu'il entreprit pour s'emparer du comté de Toulouse ; ce même prince passe en ami dans cette ville en 1154, et les ecclésiastiques de la Daurade, de Saint-Etienne et de Saint-Sernin lui demandent aussi des chartes de protection, qu'il s'empresse de leur accorder, mais avec l'autorisation préalable du c^{te} Raymond ; en 1165, il marche contre le c^{te} d'Auvergne, le c^{te} du Puy et le v^{te} de Polignac ; il les fait prisonniers et les garde jusqu'à ce que le clergé de leurs terres ait reçu les satisfactions qu'il réclamait. On pourrait citer un nombre infini de faits semblables ; mais ceux-ci suffisent pour montrer la politique des rois de France à l'égard de l'église.

l'indifférence plutôt que de l'hostilité; ils ne haïssaient ni le clergé ni la religion, mais ils auraient souhaité une religion tolérante, et un clergé modeste ; le voyant, au contraire, riche et ambitieux, ils ne craignaient pas de lui emprunter une partie de ses richesses, dans leurs besoins, au lieu de pressurer les peuples, que la nature de leur pouvoir les obligeait de ménager. Par cette conduite, ils s'aliénèrent de bonne heure le haut clergé; et quand l'hérésie fit des progrès, ils achevèrent de perdre la confiance de l'Eglise, parce qu'ils ne sévirent pas contre les sectaires, soit par connivence, comme l'Eglise les en accusait, soit que leur autorité fût trop bornée, pour leur permettre de substituer tout-à-coup un régime de terreur et de persécutions à des habitudes séculaires de tolérance et de liberté.

Quoi qu'il en soit, la cour de Rome étant en rupture ouverte avec le comte de Toulouse, et ne trouvant pas auprès du roi de France tout le zèle qu'elle attendait de lui dans cette circonstance, publia enfin la croisade contre les Albigeois, ne craignant pas de lancer contre des provinces où les catholiques étaient encore en majorité, ces masses d'aventuriers redoutables qu'elle avait soulevés plusieurs fois contre les Mahométans.

Il est temps de nous arrêter ici, pour ne pas rentrer dans le sujet de notre première publication; nous n'ajouterons qu'un mot relativement à la Généalogie : les erreurs dans les dates sont très difficiles à expliquer parce qu'elles s'enchaînent depuis le premier comte jusqu'au dernier, à l'exception d'une seule qui a été rectifiée ; elles ne peuvent donc pas être attribuées à l'inattention des copistes, et c'est ce qui nous a empêché de les corriger. On ne devine pas non plus pourquoi la comtesse Jeanne est présentée comme la sœur du dernier Raymond, dont elle était la fille ; le lecteur ne s'y trompera pas. Nous n'avons voulu changer qu'un mot, celui de *Canonicas*, qui avait étonné Catel, parce qu'il ne signifiait rien ; c'était évidemment *Coronicas* qu'il fallait, et nous l'avons rétabli, comme un nouveau témoignage des grandes pertes que nous avons à déplorer pour l'histoire de notre pays.

LES COMTES DE TOLOSE

Avec leurs pourtraits tirez d'un
vieux livre manuscrit gascon.

ENSIECSI LA GENOLOGIA

DELS CONTES DE THOLOZA.

ET PREMIERAMENT

L'an de nostre Seinhor DCC et X Charles-Maygnes, faita la conquesta de las Yspanias, venget metre le cieti a Bayona, et aqui donec à Torsinus lo contat de Tholoza, coma valhen chivalier et aprobat en bonas vertuts, et a la conquesta de Bayona et Narbona et de Provensa, laquala conquesta, megansa lo adjutori de nostre Seinhor, obtenget : cum plus amplamen es contengut en son libre de las conquestas.

TORSINUS fait conte per lo susdit emperador, en anan batalhar cum los Gentils, per un angel, en semblansa de home humanal, ly foren portadas aquestas armas de la Cros an los XII poms, cum plus amplamen se reconta en sas Ystorias; et la noyt davant, el li era estat revelat per l'Angel en vision. Visquet famos et guardan justicia et amat de son poplble LIX ans.

Torsinus

ESAURET. BERTRAN.

ESAURET , Conte de Tholoza segon, comenset a seinhoregar aprop la mort de son paire, l'an de nos-tre Seinhor DCCLXX. Visquet conte XXVII ans, et foc valent en armas et vertuos seinhor.

BERTRAN , Conte ters de Tholoza, comensec à seinhoregar aprop la mort de son paire, l'an de nos-tre Seinhor DCCLXXXXVII. Visquet conte XLII ans, et era seinhor molt caritatieu.

Bertran

Esauret

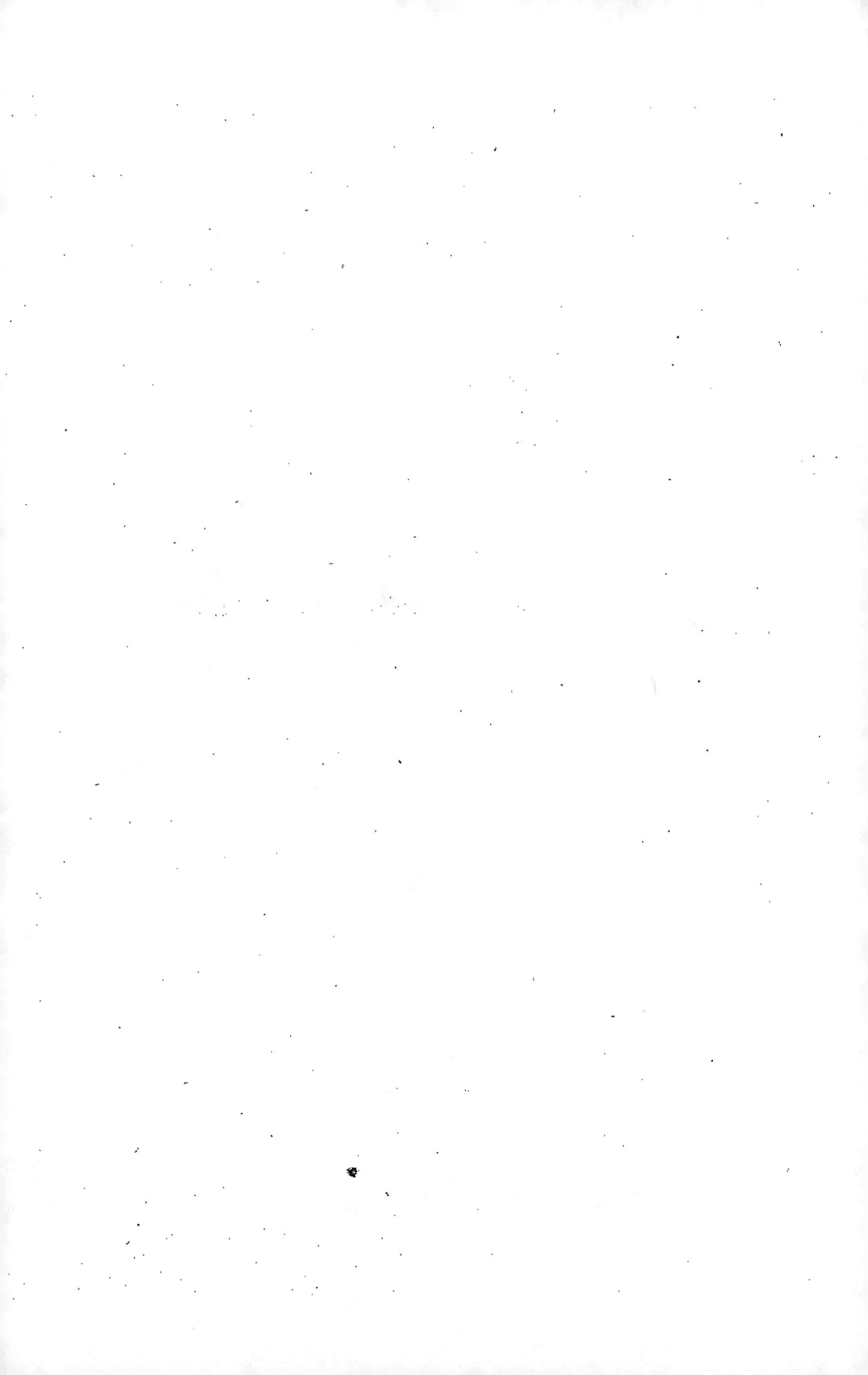

GUILHEM. POMS,

GUILHEM, Conte IIII de Tholoza, comensec a seinhoregar l'an de nostre Seinhor DCCCXXXIX, et foc
seinhor pacific et devotious, et visquet conte XLII ans,
et foc molt amat de son popble.

POMS, Comte V de Tholoza, comensec a seinhoregar
l'an de nostre Seinhor DCCCLXXXI, et foc grant iusti-
cier ; visquet conte XXXVIII ans.

Poms　　　　　　　　　　　　　　　　　　　　　Guilhe

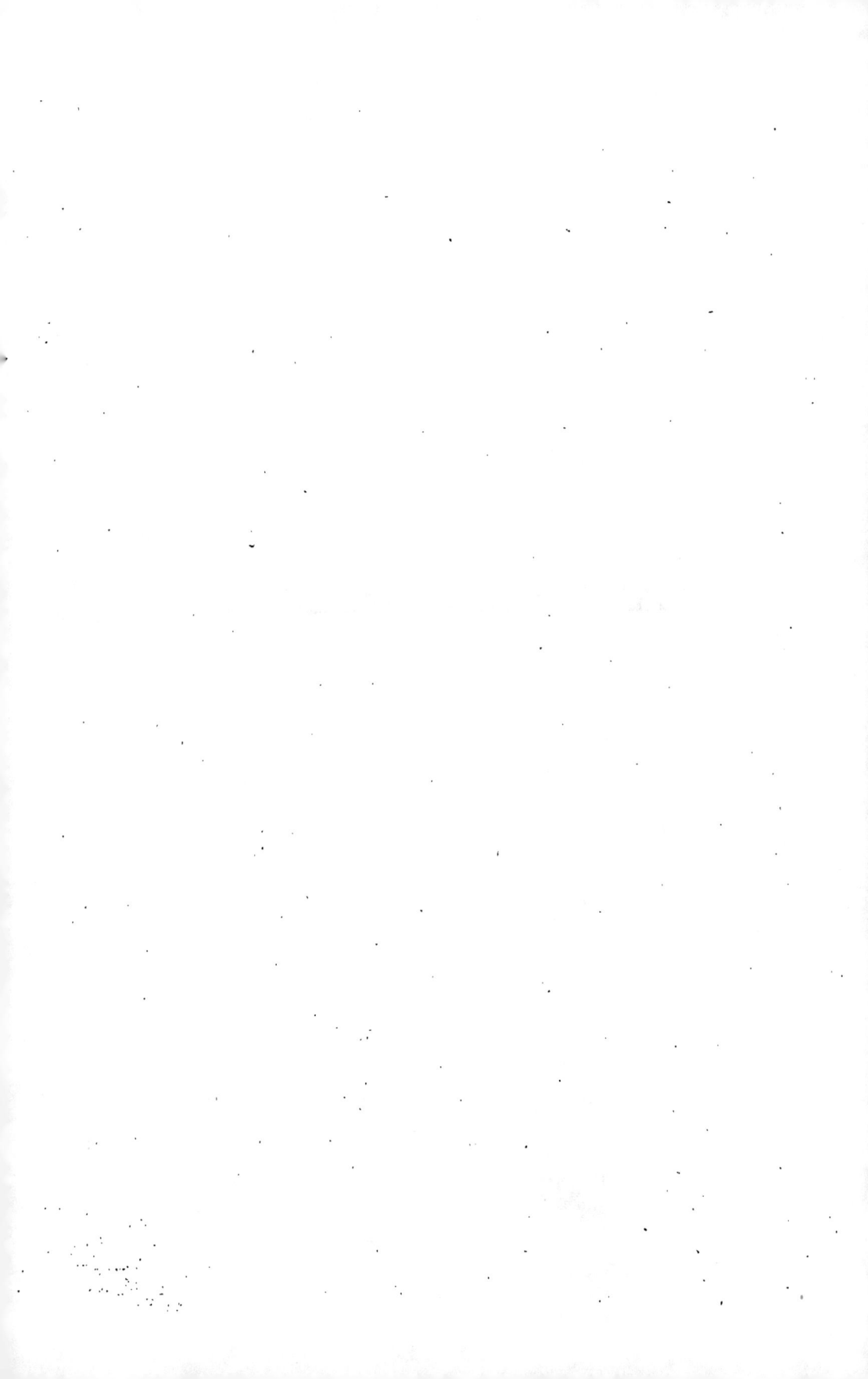

EYMERIC. RAMON.

EYMERIC, Conte sieise de Tholoza, comensec a seinhoregar l'an de nostre Seinhor DCCCCXIX ; visquet conte XL ans.

RAMON, Conte VII de Tholoza, foc conte et non pres possessiou, quar moric en la victoria de la cieutat de Tripolis, et foc marit de Dama Johanna Regina de Anglaterra, l'an de nostre Seinhor DCCCCLIX ; visquet conte XXXIII ans.

Ramon   Eymeric

GUILHEM. RAMON.

GUILHEM, Conte VIII de Toloza, valent et amat de son pobple, comensec a seinhoregar l'an de nostre Seinhor DCCCCLXXXXII. Visquet conte XLIII ans.

RAMON, Conte IX de Toloza, comensec a seinhoregar l'an de nostre Seinhor MXXXV, et visquet conte XL ans, et fec grans actes et faits d'armas de Godofre de Bilhio, et moric al sietge de la cieutat de Tripolim.

Raimon   Guilhem

GUILHEM, Conte VIII de Toloza, valent et amat de son pobple, comensec a seinhoregar l'an de nostre Seinhor DCCCCLXXXXII. Visquet conte XLIII ans.

RAMON, Conte IX de Toloza, comensec a seinhoregar l'an de nostre Seinhor MXXXV, et visquet conte XL ans, et fec grans actes et faits d'armas de Godofre de Bilhio, et moric al sietge de la cieutat de Tripolim.

Ramon   Guilhem

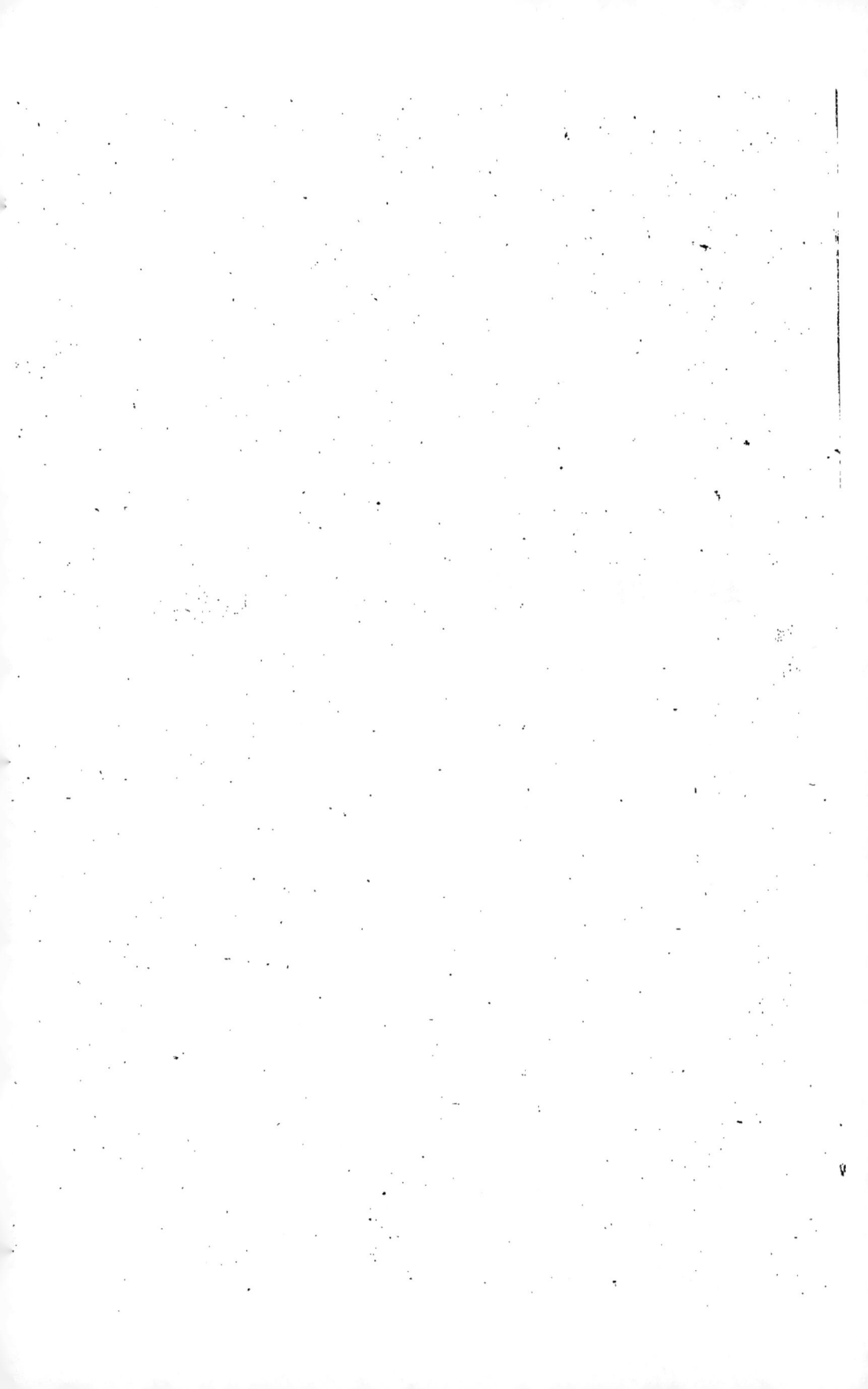

BERTRAM, GUILHEM.

BERTRAM , Conte X de Tholoza , mort son paire Ramon en lo sieti de la cieutat de Tripolim, contuniet lo sieti coma valent et virtuos, et presec la dicta cieutat , et mes a subjecion , mas en persona non ne pres possession ; aprop petits dias moric gloriosament , l'an de nostre Seinhor MLXXV.

GUILHEM , Conte XI de Tholoza, mort son fraire l'an desus dit , comensec à seinhoregar , et visquet XIX ans et foc molt savi et amigable a sos subjets.

Guilhem

ertram

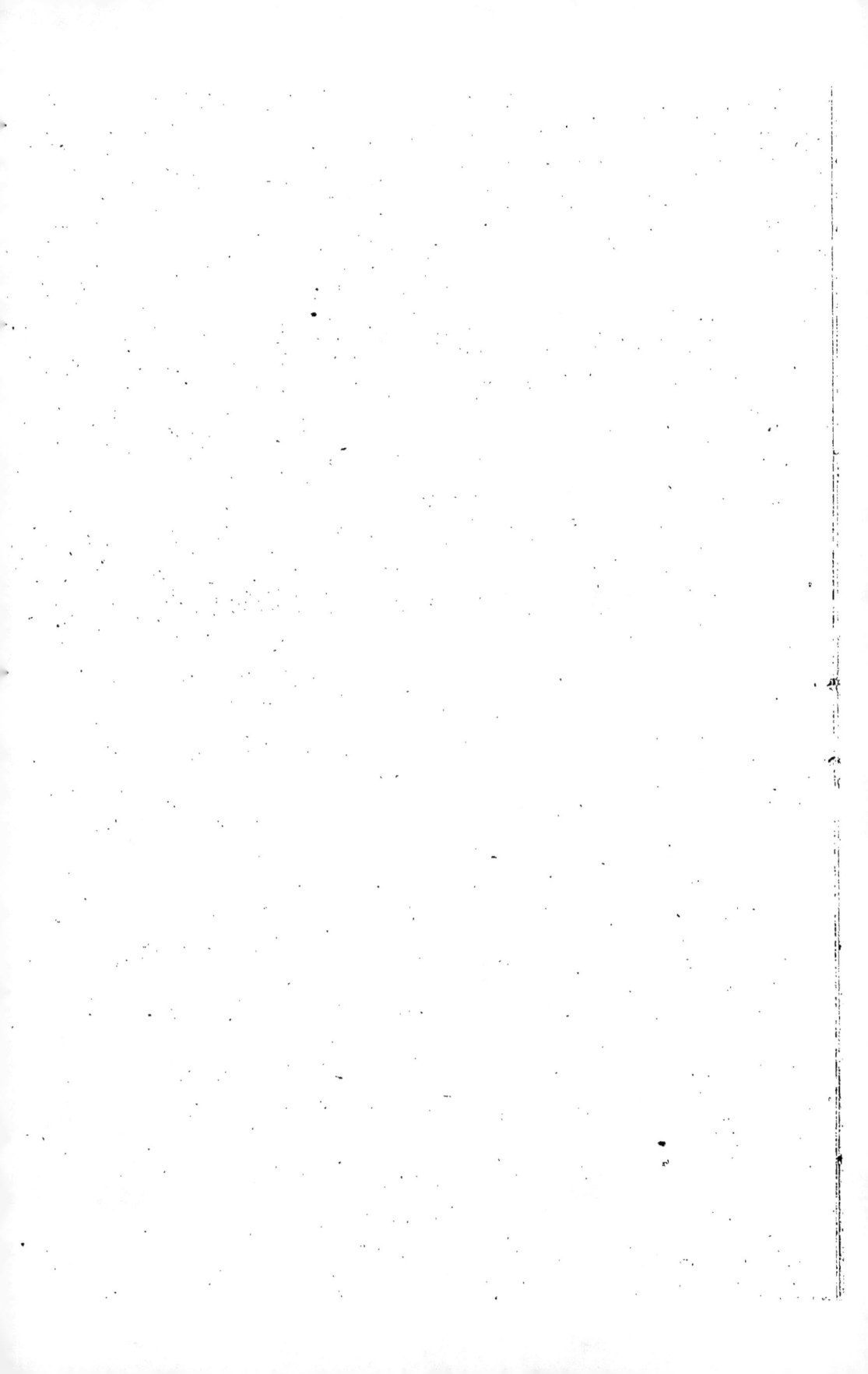

ALFONSO. RAMON.

ALFONSO, Conte XII, aysimeteis successit aprop son fraire, et comensec a seinhoregar l'an de nostre Seinhor MLXXXXIIII et visquet conte LXIIII ans, et foc detengut en Auran, et los de Tholoza ly trameteren gran multitut de gens, talamen que lo recobreren, et lo torneren à Tholoza triumphament, et recognoc l'amor que son popble l'y portava, et lour donet plusors dons et libertats, cum plus amplamen es contengut al libre de las Coronicas.

RAMON, Conte XIII de Tholoza, mort son paire, comensec a seinhoregar l'an de nostre Seinhor MCLVIII. Visquet conte XXIX ans.

Ramon   Alfonso

RAMON XIV. RAMON XV.

RAMON, Conte XIIII de Tholoza, loqual iay en la maison de Sant Ioham deldit Tholoza, mort son payre, comensec a seinhoregar l'an de nostre Seinhor MC et LXXXVII ans, et visquet conte XLVI ans, et foc home valent de son corps.

RAMON, Conte XV de Tholoza, mort son paire, comensec a seinhoregar l'an de nostre Seinhor MCC et XXXIII. Visquet conte XX ans, moric sens hereth de son corps.

Ramon XV.   Ramon XIIII.

IOHANNA , sor et heretiere deldit conte Ramon , comensec a seinhoregar l'an MCCLIII.

ALFONSO, marit de la Dama Iohanna, era fraire del Rey Sant Loys de Fransa , Conte de Peito et de Tholoza par la molher , et moriren sans aver enfans, l'an de nostre Seinhor MCCLXVII.

Alfonso

Iohanna

PHILIPPI.

PHILIPPI, filh de Sant Loys rey de Fransa, morta la Contessa et Conte sans enfans, pres la seinhoria de tot lo contat per vigor del testament deldit Ramon mort; lodit rey intret a Tholoza l'an MCCLXXII.

Philippi

CHRONOLOGIE

Des Comtes ou Ducs de Toulouse,

SELON L'ART DE VÉRIFIER LES DATES.

778   CHORSON *ou* TORSIN, nommé par Charlemagne, destitué, en 790, par le jugement d'une Diète que l'Empereur fit tenir à Worms.

790   GUILLAUME Ier, nommé dans la même diète; en 806, il se retire au monastère de Gellone, aujourd'hui Saint-Guilhem-le-Désert.

810   RAYMOND *dit* RAFINEL, prenait le titre de duc d'Aquitaine, vers 810.

818   BÉRENGER, duc de Toulouse, fait duc de Septimanie par Louis-le-Débonnaire, en 832; meurt l'an 835.

835   BERNARD, duc de Septimanie, succéda à Bérenger dans le duché de Toulouse. Charles-le-Chauve lui retire le duché de Toulouse en 840, à cause de ses liaisons avec le jeune Pepin.

844   ou 845—GUILLAUME II, fils de Bernard et petit-fils de saint Guillaume, fut pourvu du duché de Toulouse par Pepin II. En 850, il fut mis à mort comme rebelle.

850   FRÉDÉLON commandait à Toulouse, lorsque cette ville fut assiégée pour la troisième fois par Charles-le-Chauve; il lui rendit cette place, et reçut en récompense le comté de Toulouse, auquel était attaché le duché d'Aquitaine. Il mourut en 852, et transmit à Raymond, son frère, le comté ou duché de Toulouse, avec le comté de Rouergue.

852   RAYMOND Ier, joignit à l'héritage de son frère le comté de Querci, et transmit ces vastes domaines à sa postérité, qui en a joui jusque vers la fin du XIIIe siècle.

864   ou 865 — BERNARD, son fils, lui succéda; il prit les titres de duc, de marquis et de comte : comte de Toulouse, marquis d'une partie de la Narbonnaise Ire, et duc d'une partie de l'Aquitaine. Il mourut en 875.

875   ODON ou EUDES, succéda à Bernard, son frère. En 878, il unit l'Albigeois au comté de Toulouse. Il mourut vers 918 ou 919, laissant de Garsinde d'Albi deux fils, Raymond et Ermengaud, qui partagèrent la succession et formèrent deux branches : celle des comtes de Toulouse, et celle des comtes de Rouergue.

918   ou 919 — RAYMOND II, fils aîné d'Eudes, qui l'avait associé au gouvernement avant de mourir.

923   RAYMOND-PONS III, fils de Raymond II, lui succéda. En 924, il chassa les Hongrois de la Provence. Il mourut vers 950, laissant le comté de Toulouse à Guillaume, son fils aîné, et l'Albigeois à Pons-Raymond.

950   GUILLAUME-TAILLEFER III, fils aîné de Raymond-Pons, lui succéda sous la tutèle de sa mère. L'an 975, il partagea avec Raymond III, comte de Rouergue, les domaines de leur maison. Guillaume eut en partage la moitié du comté de Nîmes, qui prit le nom de comté de Saint-Gilles, à cause de l'abbaye de ce nom qui s'y trouvait renfermée.

Guillaume épousa d'abord Arsinde d'Anjou, et l'une des filles qu'il en eut fu mariée à Robert, roi de France, en 998 ; vers 990, Guillaume se remaria avec Emme, fille de Rotbold, comte de Provence. — Il mourut en 1037, âgé de 90 ans.

1037   PONS, fils de Guillaume et d'Emme, hérita des comtés de Toulouse, d'Albigeois, de Querci, et d'une partie de la Provence, du côté de sa mère.

1060   GUILLAUME IV, fils de Pons et d'Almodis de la Marche, succéda à son père. En 1088, selon Guillaume de Malmesbury, il vendit tous ses domaines à son frère Raymond de Saint-Gilles, au préjudice de sa fille unique, Philippia, qui épousa le duc d'Aquitaine. Il partit ensuite pour la Terre-Sainte, où il mourut.

1088   RAYMOND IV, *dit* de Saint-Gilles, parce qu'il eut d'abord en partage cette partie du comté de Nîmes, était comte de Rouergue, de Nîmes et de Narbonne depuis 1066. Ses Etats s'étendirent depuis la Garonne et les Pyrénées jusqu'aux Alpes. Il se croisa, et mourut en Terre-Sainte, comme il en avait fait le vœu. En partant, il laissa le gouvernement de ses domaines à son fils Bertrand.

1105   BERTRAND, qui eut à disputer le comté de Toulouse à Guillaume IX duc d'Aquitaine, mari de Philippia, alla également mourir en Palestine, où il fonda la principauté de Tripoli, qu'il laissa à ses descendants.

1112   ALFONSE-JOURDAIN, fils de Raymond IV, né en Palestine, fut ramené en Europe, et succéda à Bertrand. Assiégé dans Orange par le comte de Barcelone, devenu comte de Provence, en vertu de son mariage avec Douce, fille de Gilbert, il fut délivré par les Toulousains, qui venaient de secouer le joug du duc d'Aquitaine.

En 1141, Louis-le-Jeune, roi de France, qui avait épousé Eléonor d'Aquitaine, fille de Philippia, envahit le comté de Toulouse ; cette expédition n'eut d'autre résultat que le mariage de Constance, sœur du roi, avec Raymond, fils d'Alfonse.

Il se croisa, et mourut en Palestine, comme ses trois prédécesseurs.

1148   RAYMOND V, fils d'Alfonse et de Faydide ; l'an 1159, le roi d'Angleterre, Henri II, devenu l'époux d'Eléonor, redemande à Raymond le comté de Toulouse, comme Louis-le-Jeune l'avait fait en 1141 ; Raymond reconnut, en 1173, la suzeraineté du roi d'Angleterre.

L'hérésie des Albigeois fit de grands progrès sous son règne, et, dès 1177, il s'adressait pour l'extirper à l'Ordre de Cîteaux, qui devint bientôt l'artisan le plus actif de la déchéance de sa dynastie.

Il mourut en 1194, laissant de Constance, Raymond, qui lui succéda, Baudouin, qui fut pendu en 1214, Albéric-Taillefer, et Adélaïde, qui épousa Roger, comte de Carcassonne.

1194   RAYMOND VI *dit* le Vieux ; ce fut sous son règne qu'éclata la guerre des Albigeois ; sa méchante politique d'abord, sa mollesse et son défaut de caractère dans la suite, perdirent la plus belle cause qu'un prince puisse avoir à défendre : l'indépendance de sa patrie.

1222   RAYMOND VII, fils du précédent, acheva de dégrader sa maison et de perdre son pays par une soumission absolue aux exigences de la papauté et du roi de Paris.

1249   JEANNE, fille de Raymond VII, épousa Alfonse, frère de Saint-Louis ; et comme ils moururent tous deux sans enfants, en 1271, le comté de Toulouse fut saisi par le roi de France, Philippe III.

FIN.

www.ingramcontent.com/pod-product-compliance
Lightning Source LLC
Chambersburg PA
CBHW070949280326
41934CB00009B/2044